ロングセラー新装版

斎藤一人 悩みから「宝」が生まれる

みっちゃん先生 著

ロング新書

はじめに

一寸先は光です！

あなたに感謝いたします。

この本を手にとってくれて、ありがとう。

そして、「あなたが今ここにいてくれる」ことに、ありがとう。

おかげさまで、私は毎日楽しく、顔晴《がんば》っています。「顔晴《がんば》る」とは、太陽のように光り輝いて、晴ればれとした顔で生きてますよ、ということです。

でも、そんな私も、昔、うつ症状に悩んだことがありました。

体重が四〇キロを切るぐらいガリガリにやせて、からだの具合も悪かったんです。だから、「もう、自分はダメかな」と思ったりもしました。

ところが、そんなとき、私はある人物から、ちょっとユニークな治し方、心のもち方を習いました。

最初、聞いたとき、ちょっぴりビックリしてしまったのですが、試してみたらおもしろい！

ふと気がつくと、完全に治っている私がいました。

ちなみに、そのある人物の名前は、斎藤一人さんといいます。

一人さんは、銀座まるかん（旧・銀座日本漢方研究所）の創始者で、全国高額納税者番付一二年連続トップ一〇入りを果たした人です。

また、「困ったことは起こらない」など独特の人生哲学を著した本を数多く出していて、〝心のしあわせ達人〟としても知られています。

その一人さんが、私にこんなことを教えてくれました。

人は誰でも心が落ち込むことがある。
その落ち込んだ心を治すことができれば、自分だけでなく、まわりで困っている人も助けられ、会社や社会という人間関係のなかで、みんなの指導者になる。
人の悩み・自分の悩みを全部宝にかえることができるよ。

この言葉にしたがって、この本では一人さんから教わった「落ち込んだ心から気持ちよく抜け出す秘伝の方法」をいくつも書いてみました。

また、一人さんが書き上げたばかりの小冊子『斎藤一人　健康を呼び込む奇跡の言葉』をこの本の最後にのせてもらうことにしました。
いつもながら、私たち弟子のために全力を尽くしてくれる師匠・斎藤一人さんに心から感謝します。

あなたに、すべての良きことが、雪崩のごとく起きます！

弟子　みっちゃん先生

1 「ゴロッ、ゴロッ」という心が、「コロコロ、コロコロ」なら気楽なんです

嫌な気分のあとは必ず「いい気分」。これが心の性質です。

心はコロコロかわるから、「こころ」なんだ――という話があります。確かにそうですよね。

心って、いい気分になったり、嫌な気分になったり。嫌な気分になったと思ったら、いい気分。

本当にコロコロかわります。

それが心の性質です。

だから、コロコロかわっていけばいいのです。

スムーズに、流れるようにね。

ところが、ゴロっ、ゴロって、なるときがあるのです。

要するに、嫌な気分のときが、ちょっと長くなっちゃう。

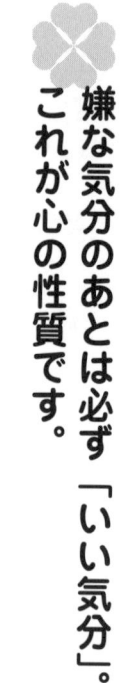

肩こりと同じで心もこるんです。

ゴロっ、ゴロってなるのは心がこってるからです。

肩がこるように、心もこって硬くなります。

生きていれば、誰でも心がこるのです。

だから心は「ここる（＝こる）」。こるから「こころ」というんです。

それで、肩がこると、筋肉がキュっとちぢまって血行が悪くなって、さらに肩がこるでしょ？

心もね、こると流れるようにコロコロいかなくて、さらにこっちゃう。

段々、心がこりかたまり、小さくなっていって、つらくなってくるんですね。

だけど、忘れちゃいけませんよ。嫌な気分のあとは、必ずいい気分。

いつか、きっと、元のようにコロコロいきますよ。

からだがゆるめば、心もちょっとだけ楽になります。

心とからだはつながっています。

心がこってるときは、必ずからだもこっているんです。

どこかの筋肉に力が入って、こっています。

それで、肩がこってると嫌な気分になりますよね。からだのこりが、心のこりを増長するの。

でも、逆にいうと、筋肉がゆるめば気持ちが少し楽になります。

人間って、意外とシンプルなんです。

心より、からだが先かもしれない。

心がガチガチにこって、憂うつになったとき、たいていの人は「心をなんとかしよう」とするんです。

「元気にならなきゃ」「明るくしなきゃ」と思う。

でも、心は意外と自分のいうことを聞いてくれません。

心をコントロールするのは難しいのです。

でも、からだのほうは、わりとコントロールがきくんです。

たとえば、お風呂につかっていると、血行がよくなって自然と筋肉の緊張がほぐれます。ほぐれると、ちょっと心が「ほっ」とするんです。

だから、からだのほうがカンタン。

カンタンなほうから、はじめたほうがいいですよ。

自分の心をあんまり見つめすぎると、
苦しくなっちゃう。
それより、からだを見つめたほうがいいですよ。
からだが「気持ちいい」「あぁ～楽だ」と
思うようなことをしましょう。

2 まず、ガチガチに〝こってる〟ところをほぐしましょう

腕をグルグル回したりね。なんでも、いいんです。

筋肉の緊張をほぐす体操でストレッチというのがありますよね。あれをやってもいいし、マッサージをしたり、指圧に行くのもいいですよ。

筋肉の緊張をほぐす方法はいろいろありますから、自分が好きなのを試してみてください。

ちなみに、私は腕を後にグルグル、前にグルグル回すというのをよくやります。

グルグル回すと背骨のゆがみが正されます。すると、からだにアンバランスな力がかかっていたのも正されて、こりも解消します。

ゆるんだ箇所に意識を向けてください。

どの方法で筋肉の緊張をとるにしても、やっておいたほうがいいことが一つあります。

やったあと、やってる最中でもいいのですが、

「あぁ、からだの力が抜けてるなぁ〜。楽になったなぁ〜」

というのです。

これはどういうことかというと、からだがゆるんだ感覚に意識を向けるんです。

これがポイント！

気持ちいい～、ため息のつき方があるんです。

たまにはね、ため息をつくと、いいですよ。

ため息は、からだが酸素不足になってて、それを解消するため。それと、からだの緊張をほぐすために、自然と出てくるものらしいのです。

だから、ため息をつきたいときは、つけばいいんです。

「はぁ～、いい気持ちだなぁ～」って。

「いい気持ちだなぁ～」というのがポイントですよ。

ため息を悪いものだと思ってると……。

悪いものからは、悪いものしか生まれないんです。

だけど、ため息はいいものなんです。

だから、「はぁ～、いい気持ちだなぁ～」ですよ。

「言葉の法則」というものがあります。
ある言葉をいうと、
もう一度その言葉をいいたくなってしまうような
ことが起きるのです。
「はぁ〜、いい気持ちだなぁ〜」

ゆっくり息を吐き出してみてください。

心がリラックスしているとき、人は自然とゆっくり呼吸しています。
ストレスを感じているとき、自然と呼吸が速くなります。
こういうのを「ストレス反応」といいます。
だから、意識的に呼吸をゆっくりにするんです。
そうやって、からだの「ストレス反応」を調整すると、心が少し「ほっ」とします。

では、さっそく調整してみましょう。
フゥ～って息を口から吐き出して、心のなかで「いち、にぃ、さん」と、一〇まで数えます。

細く長く、息を吐き続けてください。

一〇数えて息を吐き切ったら、少し息を止めます。そのあと、からだの力をふぁっと抜きます。

抜くと、自然と息を吸い込むようになっています。このとき、鼻から息を吸い込むようにします。

「宇宙の中心にいる大いなる存在のエネルギーが、今、自分のからだのなかに入っているんだ」

そんなことを心のなかでつぶやきながら、吸い込んでください。


これを何回か繰り返してくださいね。

✣コラム

一人さんとみっちゃん先生の不思議な話

突然ですが、少し不思議な話をします。

今から二〇年以上前、私の父が、突然、呼吸困難におちいりました。すごく苦しがって、病院に担ぎ込まれたのですが、検査を受けても原因がわかりません。

私はこのことを、私がヨチヨチ歩きをしていた頃から慕っていた一人さんに話しました。

すると、一人さんから思いがけない言葉がかえってきました。

「みっちゃん先生の家のお墓のそばに大きな木がないかい？」

ちなみに、ウチのお墓は、両親の田舎にあります。

私の兄が生後一〇日ぐらいで亡くなったのですが、当時、両親は若くて墓石を買うことができませんでした。だから、骨がめだけを土に埋めていたのです。

そして、兄が眠っているお墓のそばには、大きな木がありました。「木の根っこが骨がめの周りをとりまいて、しめあげているかもしれない。『お父さんが息苦しくなった』という現象を通じて、そのことを伝えようとしているのかもしれないね。

でも、もしそうだとしても心配いらないよ。根っこを切ってあげればいいだけだからね」

一人さんにそう教わって、私は田舎のお墓へ出かけました。そして、お墓を掘り出してみたら、ナント、兄の骨がめの周りに木の根っこがからみついていました。私は、骨がめをしめあげている根っこを全部取り外して、ふたたび土のなかに埋めました。

そしたら、苦しがっていた父が、ウソのようによくなったのです。

世の中には、不思議なことがあるんですね。

今、いろいろなことが心配で、
不安でしかたがないかもしれません。
でも、あなたが今悩んでいるのは、
気持ちが疲れているからなんです。

3 心がつかんでいるものを離してゆるませて、気持ちやすらか

話すと、からだも心もゆるみます。

心のこりをとるのに、素晴らしく、いい方法があります。

それは、誰かに話すこと。

「ごめんね、ちょっとだけ聞いてくれる？　こんなことがあってさ……」

「今、こういう悩みがあるんだ」とかって。

心がこってしまうのは、自分の身に起きた嫌なことを心がつかんだままだからなんです。

でも、誰かに話すと、心でつかんでいるものが離れます。

「話す」は「離す」なんです。

人間はみんな、しあわせになるために
生まれてきました。
神さまは、あなたが苦しむことを望んでいません。
「もっと、しあわせになってほしい」と
思っています。
だから、自分が悩んでることを
誰かに話していいんです。

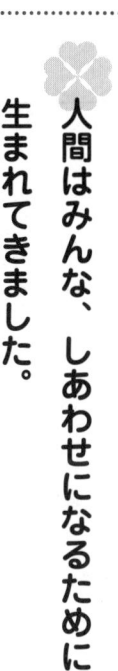

話す前、相手が「ズバリ、いうよ」という顔をしているかどうかを見てね。

話し相手が「そうだよね、わかるよ」といって、自分の話に耳をかたむけてくれると、楽になります。

でも、世間には、すごく親切な人もいます。

こちらが話をすると、「いや、それはあなたが間違ってるよ……うんぬん、かんぬん」って。

ある意味、ありがたい人なんですけれど、心がガチガチにこってるときは、ありがたくありません。

「離す」どころか、心の重荷が増えてしまいます。

だから今は、そういう人と話すのは避けたほうがいいかな……。

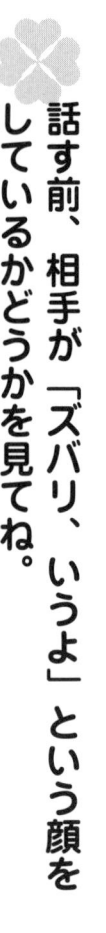

自分に「そうだよね、わかるよ」って いってみようか。

「あのとき、自分がこうしていればよかった」

「あんなこと、しなきゃよかった。ダメだな自分」

そう思ったときは、開き直るといいんです。

自分で自分に「そうだよね、わかるよ。人間だから、間違うことだってあるよ」というのです。

そうすると、ガチガチの心がゆるんで、ファっと開き、すぅーっと、まっ直ぐになります。

これが「開き直る」です。

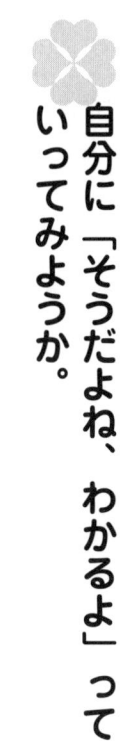

頭でわかってても、開き直れない。
うん、みっちゃんも、わかるよ。

「うつ」になる人は、なかなか開き直れない人が多いんです。
開き直ったほうがいいことはわかっているけど、開き直りたいけど、できない……。
でも、できない自分を責めないでくださいね。
自分にこういってみてください。

「『そうだよね、わかるよ』って、自分になかなかいえないよね。そうだよね、わかるよ」

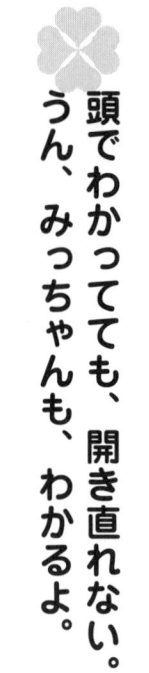

人はみんな、経験から学びます。
失敗したこと、うまくいかなかったこと、
いろんな経験が全部、自分の養分になるんです。
だから、「なにをバカなことをしたんだ」という
見方をするんじゃなくて、
「よく学んでるなぁ」って。

「ゆるします」といえば、自然とゆるみます。

嫌なあの人がゆるせない。

ものごとがうまく行かないことがゆるせない。

今の、この状況がゆるせない。

いろいろ、ゆるせないことがあると思うんです。

でも、「ゆるせない」といっていると、交感神経が刺激されて、からだも心もこります。だから、「ゆるします」といってみてください。

心はゆるしてなくてもいいですよ。

ただ、「ゆるします」という言葉を口にすればＯＫ。

「ゆるす」の語源は「ゆるます」。

「ゆるします」は究極のこり解消法です。

自分をゆるせない自分をゆるします。

本当はあなたが一番ゆるせないのは、自分自身。

だから、心が苦しいの。

難しいかもしれないけれど、自分をゆるそう。

ダメな自分。がんばれない自分。

全部ゆるそうね。

そしたら、心もからだもゆるんで楽になるから。

「自分をゆるせない自分をゆるします」

そういってても、自分をゆるせない自分をゆるします。

でも、ゆるせない！

「そんな自分をゆるします」

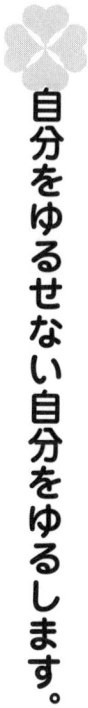

世の中に、ダメな人間、無価値な人間なんて
一人もいません。
必要とされない人は、この世に生まれてこないの。
これが宇宙の法則。
だから、あなたは必要な人です。
だって、生きているんだもん。

4「かむ」で心のスス払い

自分に「元気出せ！」っていうのは、イジメと同じですよ。

元気が出ないと、「自分は一体、どうしたんだろう」って不安になるでしょ。

不安であせって、自分に「おい、こら、元気出せ！」とか、いったりね。

でも、あなたは気をつかいすぎて、元気の「気」が抜けちゃってるの。「出せ！」といわれても、ないものは出ません。

それより、「いい気」を補充しましょう。

「いい気」とは、不安やあせりなど、心についてるススを払ってくれる愛のエネルギー。

そういうものが、あなたの身の回りにもたくさんあるんですよ。

「ケ」が枯れちゃ、ダメですよ。

「ケ」って何ですか。
「ケ」とは漢字で「餉」。
朝ごはんは「朝餉」、夕ごはんは「夕餉《ゆうげ》」といいます。
つまり、「ケ」は食事のことです。
だから、「ケ」が枯れるというのは、食べものを食べないでムチャをするということ。
「ケ」が枯れると「ケガレる」。心にススがついちゃうの。
「ケ」が枯れないようにしましょうね。
今は食欲がないかもしれないけれど、少しずつでいいから、なにか食べよう。

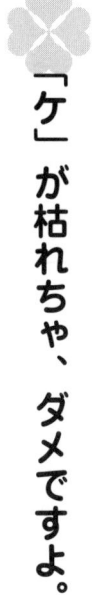

食べものは「ミコト」です。

スサノオノミコト、ヤマトタケルノミコト。

日本の神さまの名前には「ミコト」がつきます。

「ミコト」は漢字で「命」と書きます。

ところで、おコメやムギ、野菜、魚、牛、豚……etc、食べものはみんな生き物、命ですよね。

そう、食べものは神さまなんです。

人間は、その命をいただいて生きています。

食べものが脳やからだの細胞をつくり、血をつくり、元気をつくってる。

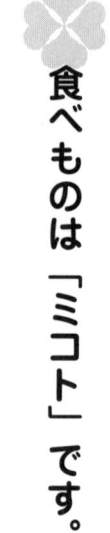

だから、海の幸、山の幸、いろんな種類の神さまをちょっとずつ食べようね。

そうすれば、神さまたちがあなたのからだにワープして、心についているススを払ってくれますよ。

「いただきます」「おいしいな」「ごちそうさま」。これでOK。

食べものをかむ。

「かむ」とは、神さまを迎え入れること。

でも、ただ黙って食べていたり、「なんだ、こんなもの」とかいいながら食べていても、神さまを迎え入れることはできません。

神さまを迎え入れるには、食べる前に「いただきます」してね。

「おいしいな」っていいながら、よくかんで食べて、食べ終わったら「ごちそうさま」。

これをやっていると、少しずつ、心にしあわせ感がたまっていきますよ。

試してみてください。

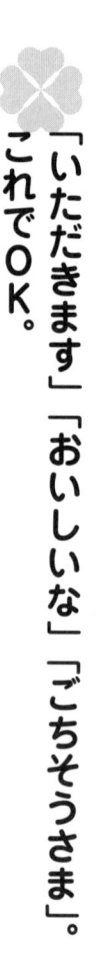

なかなかない組み合わせ。なかなかない、結局、ないんです！

私がうつ症状に悩んでいた頃、一人さんに「レバーを食べるといいよ」と教わって、しばらくの間、毎日ニンニクとショウガでレバ刺しを食べていました。

また、その頃、一人さんに会うと、「みっちゃん先生、ステーキ食べに行こう」って。一人さんは、私にステーキをごちそうしてくれました。

それで「おいしいね、おいしいね」と食べていたんです。

そしたら、いつの間にか、自然と、私は〝顔晴《がんば》るみっちゃん〟になっていました。

ちなみに、これは一人さんがいうところの「似合わないことは起こらない」法則です。

「うつ」の人にレバ刺しとかステーキは、似合いません。なかなかない組み合わせです。

「なかなかない」ということは、ない。

だから、よくなっちゃう、ということなんですね。

ただ、あとで一人さんから話を聞くと、一人さんなりの理論があったのです。

結局、血が大事なんじゃないかな。

一人さんは、「うつ」とか、ひきこもりの原因は血にあると考えているそうなんです。

血といっても、遺伝とか、そういう話ではありませんよ。

毎日の食事のバランスが悪く、鉄分（レバーに多く含まれています）などのミネラルやビタミンなど、血をつくる栄養が足りない。

血がちゃんとしてないから、血から栄養や酸素をもらっている細胞の元気もなくなっちゃう。そうすると、ストレスにやられてしまう。

そんなふうに一人さんは考えているんです。

確かに、自分だって、元気で元気でしかたがないときには、家でじっとしていられませんよね。憂うつにもなれませんよね。

食事のことで頭が重くなったら元も子もない。頭を軽くしてね。

鉄分が足りないと血が不足して、元気がなくなっちゃうから、ちゃんと鉄分もとって。

カルシウムが足りないとイライラするからカルシウムとって。

ビタミンもとって、たんぱく質もとって、あれもとって、これもとって。しかも、バランスよく。

こういう食事がとれればベストなんですけれど。でも、難しいですよね。

メニューを考えているだけで、気が重くなります。

あんまり難しいことは考えないほうがいいですね。

足りないものはサプリメントで補うとか、したほうがいいと思います。

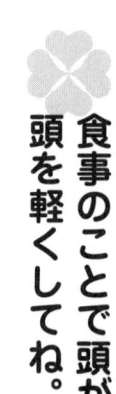

すべてのものは「一」からはじまります。
ピラミッドも、一番下から一個ずつ
石を積んでいったんです。
「一」の次は「二」。「二」の次は「三」。
「二」を抜かして、いきなり「三」を
やってもうまくいきませんよ。
あせらず、一個、一個です。

5 さらに「いい気」をいただいて、心キレイさっぱり

「だいじょうぶ、だいじょうぶ」言霊のパワーをもらいましょう。

日本では古くから、しゃべったこと（言葉）が現実になるといわれています。

そういう言葉の力を「言霊」といいます。

聖書にも「言葉は真実なり」「言葉は神なり」と書いてあります。それぐらい不思議な力があるんです。

だから、「だいじょうぶ、だいじょうぶ」です。

「だいじょうぶ」は天とつながる言葉。

この言葉を口にすると、天から「いい気」がシャワーのように降り注ぎます。「だいじょうぶ」と思ってなくても、だいじょうぶ。

聖書には「はじめに言葉ありき」と書いてありますから、「だいじょうぶ」と唱えてみてください。

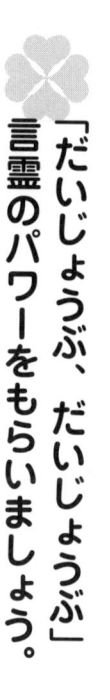

あなたをあせらせたり、
不安にさせるのは悪魔の声です。
でも、だいじょうぶ。
悪魔の声を消す魔法の言葉があります。
「今日も女神がほほえんでいる」
繰り返し唱えて、悪魔さんバイバイ

あなたは偉大なる力に守られている。それに気づけばいいんです。

「本当に偉大なる力に守られているのなら、こんなにつらい思いはしないはず。そんなのウソだ！」

たぶん、あなたはそんなふうに思うでしょう。

信じられないかもしれないけれど、でも、本当に守られているのです。

あなたは、それに気づいてないだけ。

ただ、知らないだけなんです。

たとえば、時計がカチカチいう音。それは魂を輝かせる「音霊《おとだま》」です。

時計の針がカチっ、カチっ、時を刻む音（メトロノームでもいいですよ）に耳をすませます。

心のなかでなにを思っていてもかまいません。雑念を追い払おうとしなくてOKです。

ただ、じっと静かに時計の音を聞く。

そうすると、なぜか、少しずつ気持ちが落ち着いてきて楽になります。

心についていたススが自然にポロリととれます。

これが「音霊」のパワーです。

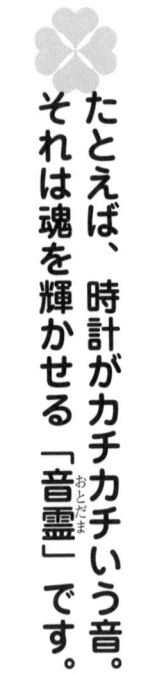

今、悩んでいるだろうけど、
「もう、どうにもできない」と思っちゃダメですよ。
時間があなたに味方してくれてます。
時計の針が進むにつれて、
少しずつ、少しずつ解決に向かっているの。
その証拠に、二年前に悩んでいたこと、
覚えてます？　覚えてないよね。
それ、時間が解決してくれたんです。

地球は「音霊《おとだま》」の宝庫です。自然の「音霊《おとだま》」、いただきます。

雨って、なんか、やさしいなぁ……。

雨の音を静かにじっと聞いていると、心が少し楽になります。

小川のせせらぎ、海のさざ波、滝の音、風の音。

一定のリズムを刻む音を聞いていると「音霊《おとだま》」の力で心のススがとれます。

神さまが、そういうものを私たちの周りにちゃんと用意してくれているのです。

あなたのことを神さまが守ってくれているんです。

木は「き＝気」というぐらいだから、「いい気」がもらえます。

神社に行くと「ご神木」と呼ばれる木があります。ご神木はすごくエネルギーが強いんです。

すごく「いい気」をもらえるんですけれど、別にご神木にこだわる必要はありません。

近くの雑木林とか、公園で木を見つけたら、「キレイだね」といって、フゥーっと息をふきます。

そしたら、その木から「いい気」をもらえます。

松でも杉でもなんでもかまいません。

悪い木なんてものはありませんからね。

「キレイだね。フゥー」ですよ。

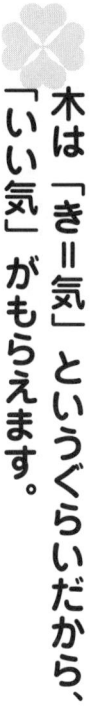

お花、山の稜線、お月さまetc.
周りに「いい気」があって、ついてる。

「ウチの近くに木がありません」という人もいると思うんです。
でも、だいじょうぶですよ。
お花や山の稜線、お月さまを見て、
「キレイだな。フゥー」
とやってみてください。「いい気」がもらえますよ。
それから、大地からも「いい気」が出ています。
砂浜とか、土の上を裸足で歩くと足の裏からエネルギーが入ります。
温泉もいいですよ。温泉も大地のエネルギーですからね。
手足をつけているだけで気が満ちてきます。

「キレイだね。フゥー」
それって、なんですかというと、
自分の愛情をあげているんです。
神さまがつくったものに愛情を注ぐと、
神さまの愛のエネルギーが自分に入る。
信じたくない人は、
信じなくてもいいんですけどね……。

あまねく命の根本、お日さまのエネルギーをもらいましょう。

植物や植物プランクトンは、お日さまの光を受けて養分をつくります。それを動物が食べ、さらに人間が食べます。

お日さまは、地上にいる、あまねく命（みこと）を養ってるんです。

それぐらい、お日さまの光エネルギーは偉大です。

その偉大なる光エネルギーをいただくと、心についたススが見る見るとれてしまいます。

ただし、光エネルギーをいただくといっても、日光浴をするわけではないんですけれど……。

朝日とか、夕日に感謝すると、エネルギーが入ります。

お日さまからエネルギーをいただきやすいのは、日の出の頃と夕方です。

朝、昇ってくるお日さま、それか夕陽に向かって、こういいます。

「いつも感謝しています。ありがとうございます」

すると、エネルギーが自分のなかにパッと入ってきます。

「いい気」が満ちてきて、気持ちいいですよ。

雲の上には、お日さまがいるから「だいじょうぶ」。

雨とか、曇りの日は、お日さまが見えなくて、「気持ちが沈んじゃう」という人がいます。

でも、だいじょうぶ。

雲の上では、お日さまが照っていますよ。

お日さまが沈んで夜になっても、だいじょうぶ。

お日さまは、なくなりません。

のべつまくなし光り輝いて、地球を照らしていますよ。

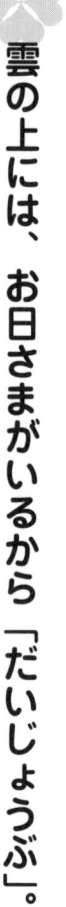

「お母さん」という日本語のルーツは
「太陽」なんだそうです。
お母さんは太陽さん。
みんな、太陽さんから生まれてる。
ということは、あなたも太陽なんです。

6　柔道と同じで〝受身〟が大事です

「落ち込んでる？」「違うよ。落ち込んでないよ」

「うつ」なとき、誰かに「どうしたの、落ち込んでる？」と聞かれたら、私はこういいます。

「違うよ、落ち込んでないよ」

強がっているわけでは決してありません。

じゃあ、周りの人を心配させないため？

自分に暗示をかけている？

ある意味、両方正解です。

でも、「落ち込んでいない」という一番の理由は他にあるんです。

それは……。

本来、心は落ち込まない！

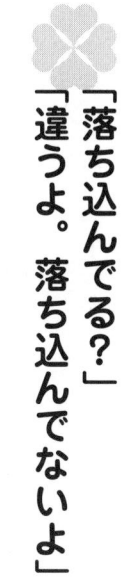

心は宇宙と同じです。上もなければ、下もありません。

地上では上とか、下があるけれど、宇宙空間には上下がありません。

だから、宇宙空間では「落ちる」ということがないんです。

だって、「落ちる」って、下に行くことでしょう。でも、宇宙空間には上下がないから、落ちない。

心は宇宙空間と同じで、上下がないのです。

だから、「落ち込む」という現象は起きない。


ただ、心は「内に入る」ことがあるんです。

心は外に向かうか、内に向かうか。それしかないんです。

息は吸ったり、吐いたり。

吸うと息が内に入り、吐くと息は外に出ます。

心もそう。内に入ったり、外に向かったり。

積極的になったり、明るく元気なときは、心が外に向かってるときです。

逆に、心が内に向かってる、内に入っているときは、俗にいう「落ち込み」です。

でも、心には上も下もないでしょう。

だから、「落ち込んでいる」のではなく、「内に向かっている」ということなんですね。

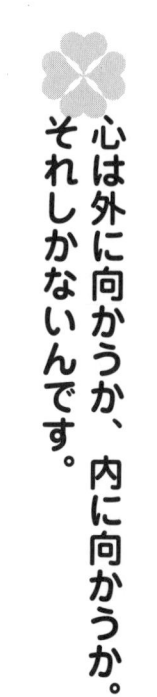

誰でも、自然に「内に向かう」ときがあるんです。

息を吐いてばかりいたら、苦しくなりますよね。

だから、息を吐いたら次は吸って、息が内に入る。自然に、そういうふうになっています。

心だって、外ばかり向かっていられないの。自然に内に向かうときがあるんです。

だから、心は、息のごとく、内外、内外って。

そうならないと、人生って、うまく行かないようになっているのです。

これは自然の摂理です。

「内に入る」は、悪いことではないんです。

日中活動すると、夜には疲れて眠ります。当たり前ですよね。それで、眠るとまた元気になる。

息だって、吐いたら吸うのが当たり前です。

「寝ちゃいけない」「ずーっと、息を吐いてなきゃいけない」といってるのは、おかしいでしょ。

じゃあ、なんで「内に入る」はよくないのかな？

「内」をよくないというのは、「寝ちゃいけない」「息を吸っちゃいけない」といってるのと同じですよ。

心だって、疲れて休みたいときがあるの。

「内に入らなきゃいけない」ときがあるんです。

入って、しばらく休むから、元気になるんです。

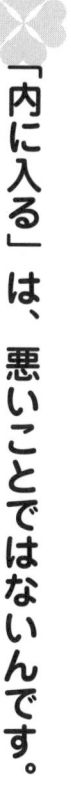

転んでも、受身がよかったら、
かすり傷程度ですんだりします。
心だって、受身が大事。
心の受身ってなんですか?
まず、一つは自分対自分の受け答え。
「あぁ~、今、心は内に入りたいんだぁ。
魂に入って休みたいんだ。
そっか、じゃぁ、素直に入っとこう」

「内に入る」べきときは、入っていたほうがいいんです。

「早く外に向けよう、早く元気にならなきゃ」とあせらなくていいですよ。

「明るくふるまおう」と思う必要もありません。

そんなことをすると、逆に、「外に向かう」のが難しくなるからです。

「早く元気に」「明るくしなきゃ」というのは、「内に入る」ことを悪いことだと思っているんです。

その「悪いんだ」という思いが心をしばりつけて、なかなか「外」に出られなくなっちゃう。

だから、今は自分の心をコントロールしようと思わないほうがいいですよ。

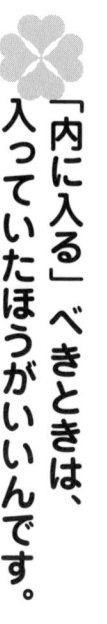

時間がきたら、勝手に「外へ」。これが自然の摂理です。

「内に向かわせておいて、本当にいいんですか？」

はい、いいですよ。

ホントに、全然、だいじょうぶ。

だって、息もずぅーっと吸ってばかりじゃないでしょう。自然と、息を吐き出しちゃう。


心も同じですよ。

「内」でじっとしていられなくなって、自然と「外に向かう」ようになっています。

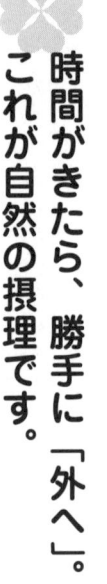

「内も、また、いいなぁ〜」すると、ふぁっと「外」に出る。

「外に向かう」のがいけない、といっているのではありません。
心が「外に向かう」のは、楽しい。
自分のためにも、周りのためにもすごくいいことです。
でも、「内に向かう、入る」も必要で、いいこと。
「内に入る」もよし、「外に向かう」もよし。両方いいのです。
だから、「内に入った」とき、私はこんなふうにつぶやきます。

「内も、また、いいなぁ〜」

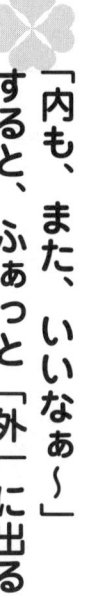

「内に入る」は、天が授けてくれた才能です。

山のなかの道を歩いていて迷ったら、自分が歩いてきた道を引き返せばいいんです。

出発点にもどればいい。そうすれば助かります。

ところが、それをせずに「先へ、先へ」と進むと、茨の道に入り込んでしまいます。

仕事、人間関係、人生なんでも「道に迷ったら引き返す」です。

でも、心が「ノリノリ、イケイケ」で、からだの調子もいいと、茨の道へ進もうとするでしょう?

そうならないように、「待った!」をかけるのが「内に入る」なんです。

引き返して軌道修正する。「もっと、しあわせ」なんです。

人は「引き返す」ということに抵抗感をもちます。

でも、「引き返す」は、後退・退却ではありません。

たとえば、車にはバックギアがついていますよね。

バックギアは、方向転換するためのものです。

「この道は行き止まりだ」というとき、ギアをバックに入れて、ちょっとさがって方向転換する。すると、支障なく走れるようになります。

人生も、これとまったく同じです。

「内に入る」は心のバックギア。

その心のバックギアは、自分が歩いてきた人生をふりかえり、今より「もっと、しあわせな人生」に方向転換するためのものです。

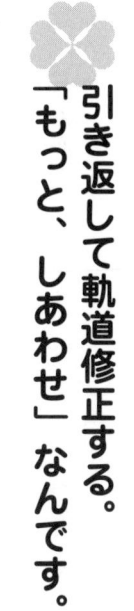

「内に入る＝がんばっていない」はカン違い。がんばっているんだよ。

思春期の頃、私はなんとなく学校に行きたくなくなって、家でブラブラしていたことがありました。

そのとき、一人さんはこういって、私の心に灯をともしてくれました。

「みっちゃんの心は、今、自分の生きる道を一生懸命さがしているんだよ。がんばっているんだよ」

今度は、私があなたの心に灯をともす番です。

あなたは「がんばっていない」のではありません。一生懸命、「もっと、しあわせ」の道をさがしてる。

今のあなたは、がんばっているんです。

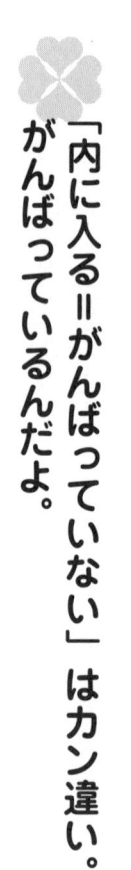

人間はみんな、起きたことを利用して自分の魂を
成長させ、「もっと、しあわせ」になります。
それを「修行」といったりします。
でも、修行を終えたら
「もっと、しあわせ」になるのではありません。
ちょっと気づけば、今でさえ、この瞬間から
「もっと、しあわせ」。

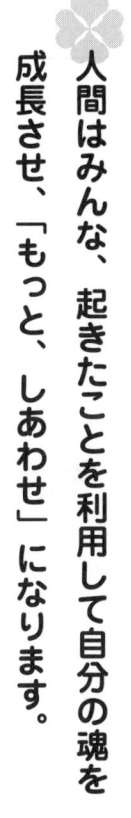

7 「内に入る」なら、楽しく入ったほうがトクですよ

ホントに、たいがいのことは受け答えなんです。

「内に入る」のはいいこと、今より「もっと、しあわせ」になるチャンスです。

ただ、「それはわかったけれど、今、つらいんです」という人がほとんどだと思うんです。

うん、そうだよね。わかるよ……。

でも、楽しくて、ワクワクしながら「内に入る」こともできるんですよ。

今から、そのコツをお教えしますね。

「今、自分はすごく気持ちよくて、ハッピーなんだ」

まずは、この言葉を自分に対しても、人に対してもいうのです。

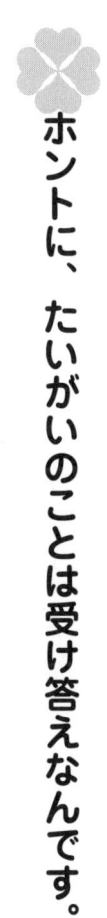

なにを思っていてもＯＫ。「はじめに言葉ありき」です。

「どうしたの？　落ち込んでるの？」

誰かにそうやって聞かれたとき、

「すごく気持ちよくて、ハッピーなんだ。だから、しばらくこの気持ちにひたっていたいんだ」

と答えると、周りの人は「よかった」と安心します。周りの安心した顔で、自分も少し安心します。

それと、自分は「すごく気持ちよくて、ハッピーなんだ」という言葉で洗脳されます。

洗脳って、頭のなかにあった「『内に入る』のは悪いことだ」という観念をキレイさっぱり洗い流すことです。

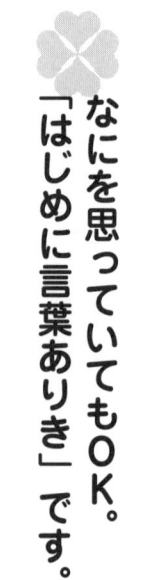

「話す」は「離す」です。

でも、「こんな嫌なことがあって、ああで、こうで……」

と、のべつまくなしいっていると、

聞いている人はつらくなります。

自分のつらい話を一番聞かされているのは、

他の誰でもない、

自分自身です。

「内に入る」とき、神さまとお話ししているんです。

「内に入る」とき、人は誰でも自問自答します。

意識的にしろ、無意識のうちにしろ、自問自答しているんです。

ほとんどの人は「自分と話をしている」と思っているのですが、実はそうじゃないのです。

本当は、神さまとお話ししているの。

わけへだてなく、タダで愛を与えて、与えて、与えつくしてくれている。

どんなときも、やさしくて、あったかくて、ほがらか。

そんな神さまが私は大好きです。

だから、「内に入る」は気持ちいい。

正しいとか、正しくないとか。
本当に神さまがいるの？　とか。
それは、別にどうでもいいんです。
それを証明するのに時間と労力をかけたって……。
それより、しあわせなら、いいの。
あなたの心が晴れることが、一番大事。

心の奥の奥に、神さまがいます。

人間はみんな未熟です。

でも、未熟なのは自分の顕在意識。自分の意思が未熟なだけなんです。一見、未熟な人間の心の奥の奥には、神さまがいます。あなたの心の奥の奥にも、神さまがいます。内なる神さまは、完璧に神さまです。内なる神さまは大いなる英知をもっています。人間の頭の回転より、内なる神さまははるかに上です。

人に相談しても、本を読んでも解決方法がわからない。そんな人生の難問を解決する方法を、あなたの内なる神さまは知っています。

自分が歩いてきた道を、どんなふうに方向転換すればいいかも知っています。

内なる神さまは、みんなをしあわせにしたくて
しかたがないそうです。
でも「内に入るのは嫌だ」と思うと、
その思いが妨害電波になって、
内なる神さまとの交信を邪魔します。
だから、
「すごく気持ちよくて、ハッピーなんだ」です。
言霊の力で妨害電波を消すんです。

答えを出す必要はありません。周波数を合わせるだけでOK！

「もっと、しあわせ」になる方法は、あなたの内なる神さまが教えてくれます。

だから、「自分で答えを出そう、出そう」とあせる必要はありません。

内なる神さまと周波数を合わせるだけでいいの。

ラジオを聴くときと同じなんです。

じゃあ、どうやって内なる神さまと周波数を合わせるかというと、

「おもしろくて、楽しくて、すずやかに解決する方法はなんだろう」

この言葉を唱えるだけでいいんです。

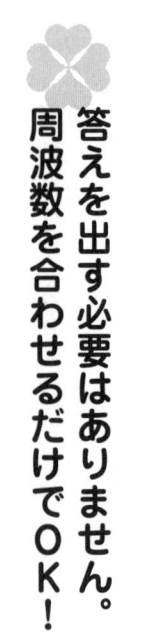

「おもしろくて、楽しくて、すずやか」な答えが、ある日、ポン！

しあわせって、いろいろあるけれど……。

でも、誰かを傷つけてうらまれるより、人に喜ばれたほうがハッピーですよね。

周りがしあわせな顔でいっぱいで、なおかつ、自分も毎日楽しくて、心から「生まれてきてしあわせだ」といえたら最高でしょう。

内なる神さまが教えてくれる答えは、まさに、そういうものなんです。

自分も周りもしあわせにしてくれる、素晴らしい答えです。

それが、しばらくすると「ポン！」と出てきます。

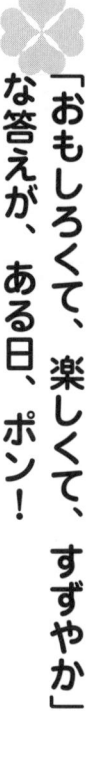

「内に入る」は二度おいしいよ。
内なる神さまからの答えが出てくると、
心にさわやかな風が吹いて、
とってもいい気分になります。
さらに、その答えを実践すると、
自分も周りもハッピーなんです。

おいしいものは、待ってる間もワクワクして楽しいね。

たとえば、行列ができるラーメン店。

行列に並んでいるとき、「どんなおいしいラーメンが出てくるかな」って、ワクワクしますよね。

釣りだって、釣針《つりばり》をポチョンと落としてアタリがくるのを待ってる間、ワクワクするでしょう。

内なる神さまからの答えを待つときもそうです。

ワクワクしちゃう。

だって、最高のしあわせをプレゼントしてもらえるんだもん。

だから、「神さまは、どんな素晴らしいプレゼントを出してくれるんだろう」と思って、待ってるといいですよ。

待ってる間、ドキドキする人は「そうだよね、わかるよ」って。

はじめて「楽しく内に入る」方法を実践した人のなかには、どうしても待ってる間にドキドキしてしまう人もいると思うんです。

そういう人は、「そうだよね、わかるよ」という言葉を自分にいってください。

ドキドキしている自分に「わかるよ」って。

「そうだよな、普通の人間だもん。ドキドキすることもあるよ」

そうやって開き直ると、なぜか、知らない間に自然とドキドキが、しずまってきます。

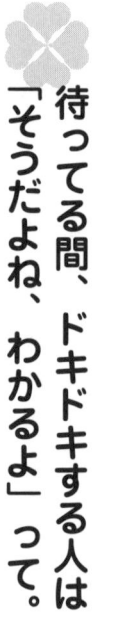

「なにに気づきなさい」といっているんだろう……。

内なる神さまの答えを〝ひらめき〟という形で受けとることもあります。周りにいる誰かが、内なる神さまの代行人として、答えを運んできてくれることもあります。

その他、いろんな現象で答えを教えてくれます。

ただ、答えの出し方が実にさりげないのです。

油断していると、聞き逃し、見逃してしまいます。

だから、私は「内に入っている」とき、お月さまを一人静かにながめながら、こうつぶやくんです。

「なにに気づきなさいといっているんだろう」

冷静に考えるために、お月さまのすずやかな光のパワーを借りるんです。

涙はガマンしなくてもいいんじゃないかな……。

お月さまを見ながら、「なにに気づきなさいといっているんだろう」とつぶやいても、わからないときがあるんです。

そうすると、私は涙がポロリンと出ちゃうの。

悲しいとか、つらいわけではないんです。

悔し涙とか、うらみの涙でもない。

なんだか知らないけれど、自然と涙があふれてくるのです。


でも、お月さまは「泣いちゃいけないよ」とか、責めたりしません。

ただ静かに、すずやかに光り輝いて、見守ってくれています。

だから、私は安心して、涙が流れるがままにしておきます。

でも、そのうち勝手に涙は止まります。

止まったときには、やけにスッキリしてるの。

悩みが解決したわけでもないのに、心が少し軽くなった感じになるんです。

そのとき、私は「なぁ～んだ、ガマンしなくていいんだ。泣いてもいいんだ」と思ったのね。


すごい小さな気づきだけど、私はうれしくなっちゃいました！

極端に心がこっているとき、
一滴の涙も出ないんです。
だけど、心のこりが少しほぐれてくると、
涙がポロリンって出る。
その涙は「回復の兆しの涙」です。
この涙が出ると、心のなかに
ひとすじの明かりがともります。
ありがとう、涙さん。じゃあね、バイバイ！

忘れていました。道ばたに咲くタンポポが、こんなにかわいいなんて……。

天の神さまは、あなたが乗り越えられないような試練を、あなたに与えません。

しかも、あなたが苦しまない道も用意してくれています。

そんなようなことが聖書に書いてあるんです。

「ホントにそうだなぁ」と、私は思います。

だって、内なる神さまが、自分が抱えてる問題を解決する方法を、「もっと、しあわせ」になる答えを出してくれるじゃないですか。

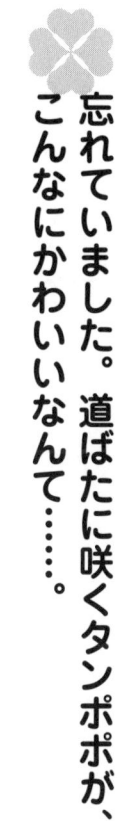

さらに、素晴らしい特典をくださるんですよ。

まだ答えが出てこない、今このときを楽しく過ごせるよう〝小さなしあわせ〟に気づかせてくれます。


たとえば、心が「外に向いている」とき、自分は道ばたのタンポポに目がいかなかった。

それが、「内に入っている」とき、なぜか道ばたのタンポポに目がいったり。

それから、お日さま、お月さま、木……etc、周りにあるものが力を貸してくれていることに気づかせてくれたり。

それから、電車のなかで茶髪の少年がお年よりに席をゆずっているところを偶然見かけて、「世の中には、やさしい人がいるんだなぁ」とか思ったり……。

そういうやさしい人に会うと、あったかい気持ちになって……。

いつも、いろんな神さまの愛に包まれていたんだ。
それに気づいた瞬間、
「うれしいな、ありがたいな」
心に小さな明かりがともります。
〝素晴らしい答え〟が出るまでの間、あなたにも、こんな
〝小さな奇跡〟がなだれのごとく起きます！

8
「しあわせバリア」に包まれちゃいましょう

本当のあなたは「光」です

人は誰でも、心の奥の奥に神さまから分けてもらった〝小さな光〟をもっています。

心が「内に入っている」ときも、「外に向かう」ときも、心の奥の奥には〝小さな光〟があります。

その光のことを、外国では「ハイヤーセルフ（＝大いなる自己）」、日本では真のわれ「真我（しんが）」といいます。

つまり、心の奥にある〝小さな光〟が、本当の自分なんです。

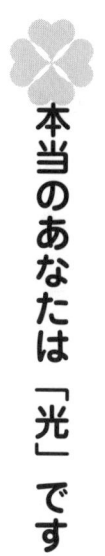

〝小さな光〟が、からだからあふれてくると、それがバリアになります。

世の中には、「この人、生きいきして輝いてるなぁ」という人がいますよね。

そういう人は「しあわせバリア」に包まれているんです。

「しあわせバリア」ってなんですか、って？

それは、不幸を一切よせつけない光のバリアです。

心の奥の奥にある〝小さな光〟がからだからあふれて、からだ全体を包み込む。

それが「しあわせバリア」に包まれた状態です。

そういう状態になるのは、意外とカンタンです。

誰でも、もちろん、あなたも「しあわせバリア」に包まれます。

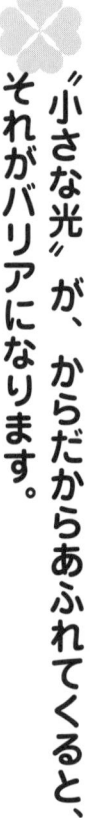

書道、茶道、剣道、柔道……etc。
「道」がつくものは全部、「型」をマネることから
はじまります。
「しあわせの道」も同じです。
「型」をマネれば、心はしあわせ。
「しあわせバリア」がバン！　バン！　出ます。

輝いている人は、まず顔が輝いているんです。

「この人、輝いているなぁ」という人に、くすんだ顔をしていたり、油の抜けきった顔をしている人はめったにいません。

「この人、輝いているなぁ」という人は、たいてい顔につやがあります。

つやつやしているから、外の人からは顔が輝いて見えるのです。

ということは……。


顔につやを出せばいいんです！

足りない油分をおぎなえば、誰でも顔が輝きます。

一人さんは、たまに冗談で「サラダ油でも顔にぬって（笑）」といいますが、サラダ油はお料理に使ってくださいね。

顔のつやには化粧用のオイルを使います。天然のものなら、オリーブオイルでも、なんでもＯＫです。

「ちょっと多いかな」と思うぐらい、オイルを顔にぬってください。

周りの人があなたの顔をパッと見て、「おっ、輝いてるな」とわかることが重要なんです。

そのためには、「ちょっと多いかな」ぐらいがちょうどいいのです。

あなたのからだはお宮です。キレイに、そして輝かせましょう。

自分のなかに神さまがいるということは、自分のからだはお宮、神社です。

伊勢神宮でも、どこでも、お宮はたいがいキレイに掃除されていますから、神社の空気はすずやかで、「いい気」が充満しているのだそうです。

あなたのお宮もキレイにしてあげてくださいね。

まず、お風呂に入って、からだと髪を洗います（鬼のような顔をして洗う必要はありませんよ）。

それから、ちゃんとブラシで髪をとかして、髪にもつやを出します。

靴も汚れたのではなく、磨いてつやのあるのをはいてくださいね。

男性も女性も、花になりましょう。

「人間はみんな、花として生まれた。花は花として生きればハッピーなんだ」

昔、一人さんからそんなことを教わりました。

花として生きるのは、とってもカンタンです。

赤や黄色、ブルーなど明るい色の洋服を着ます。

そして、キラキラ光るアクセサリーをつけます。

別に高価な宝石でなくてもいいですよ。輝いていればイミテーションで十分です。

ただし、人がパッと見て「おぉ～輝いている」とわかるような大きさのものを身につけてください。
自分が「これいいな」と思ったのより、ちょっと大き目がいいですよ。
それから、女性の方は、お化粧もしてくださいね。
キレイな自分の花を咲かせてください。

鏡を見て、神さまと心の晴らし合いっこ

自分が花になって、全身を光り輝かせたら、鏡をのぞいてみてください。

できれば、手鏡より大きい鏡を見るといいですよ。

ナニナニ、「鏡を見ると、どんな〝いいこと〟があるんですか」って？

日本では、昔から「鏡には神さまがうつる」といわれているそうなんです。

神さまは愛のエネルギーで、あなたの心の雲を晴らしてくれます。

〝しあわせバリア〟が出てきますよ。

鏡には、あなたがうつっています。
前よりステキになったあなたが見えるでしょう。
ステキな自分を見るとうれしいよね。
その気持ちがあなたの「真のわれ」。
その笑顔があなたの神さまです。

今、自分がいる部屋をすっきり片づけましょう。

読まない本・雑誌を山のように積んでいませんか？
服やタオルをやたらと積みあげていませんか？
いらないもの、使わないものがゴチャゴチャ置いてありませんか？
天井に、くもの巣がはっていたり、部屋のすみっこにホコリがたまっていませんか？
掃除をして整理整頓してください。
掃除・整理整頓した人を「心のみそぎができた人」というそうです。
要は、「心についたススがとれた人」ということ。
ススがとれれば〝しあわせバリア〟全開です！

キレイなトイレで、いい気分♪

最近、「トイレ掃除をするとお金が入ってくる」とかいう話を耳にします。
それはそれでいいんです。別になんの問題もありません。
でも、トイレ掃除には、もう一つ〝いいこと〟があります。
「我」が流れるんです。
「我」って、なんですか？
つきつめると、「我」とは恐れです。
恐れが心のススの源です。
トイレ掃除をすると、それが流れます。

掃除は天使が舞うがごとく。うまく舞えないとき、天使はお休み。

「掃除をしないと不幸になる」とか、「絶対、なにがなんでも」とか思いながら掃除をしないほうがいいですよ。

そんなことを考えていると、心が重くなってつらくなってきますからね。

からだの調子が悪いとき、掃除しながらイライラしているときは、思い切ってお休みしてください。

休んでいいんですか？　って、いいんです。

あなたがしあわせになるための掃除ですから。

あなたが苦労をするための掃除ではないのです。

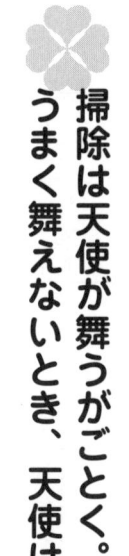

七八％が最高です。

「美しさ」「成功」は「七八対二二の定理」。

この世にある美しいものは、だいたい七八対二二の割合でできているそうです。

それから、人間は「最高にうまくできた」と思っても、七八％しかできていない。

どんな天才も一〇〇％は無理です。

残りは次の改良点。

「今度は、ここを改良していこうね」

そうやって一つひとつ重ねていけば、人生は成功なんです。

9
〝楽しい音〟が出ている場所に太陽が昇ります

〝楽しい音〟は「しあわせバリア」の発信源を大きくします。

電球を長く使っているとホコリがつきます。電球がホコリだらけだと、部屋は暗い感じがします。

でも、電球をみがいてホコリをとると、パァーっと明るくなりますよね。

「しあわせバリア」は、これと同じ理屈です。

生きていると誰でも、「しあわせバリア」の発信源、心の奥にある〝小さな光〟の周りにホコリやススみたいなものがつきます。

つけたままにしていると、光がさえぎられて「しあわせバリア」ができません。

そこで、このホコリやススを払い落とす。

すると、光が外に出て「しあわせバリア」に包まれるんです。

それで、ホコリやススを払い落とす方法が、先ほどから紹介している、顔のつやだしだったり、花になることだったり、掃除だったり。

いろいろあるんですけれど……。


実は、払い落とすパワーが最高に強いのは〝楽しい音〟なんです。

〝楽しい音〟って、なんですかというと、一つは言寿（ことほぎ）です。

言寿とは、心が明るく、楽しくなる「天国言葉」を口にして、自分も周りもハッピーにすることです。

自分のために言寿しましょう。

今は、人に対して天国言葉をいわなくてもＯＫです。自分に対してのみ、言寿をしてください。

ついてる
うれしい・楽しい
感謝してます
しあわせ
ありがとう
ゆるします

この天国言葉を「魔法の言葉だ」とでも思って、唱えます。
この天国言葉を唱えると、また天国言葉を口にしたくなってしまうようなことが、なぜか起きます。

自分のためだけに言寿してもいいんですか？　って、いいんです。

あなたは、しあわせになるために生まれてきました。

しあわせは権利ではなくて、義務です。

あなたが「もっと、しあわせ」にならないといけないのです。

そして、あなたが「もっと、しあわせ」であれば、この世から不幸な人間が一人減るんです。

だから、今は自分のために言寿をしてください。

心が「外に向かう」ようになってから、人に言寿をすればいいですからね。

それでも、全然遅くはありませんよ。

「内に入った」ときの朝の習慣。「ついてる、ついてる……」。

一人さんの話によると、「ついてる」の言霊パワーは最強なのだそうです。なので、私の場合、「内に入った」ときは、毎朝「ついてる」を唱えることにしています。

いくつ唱えるかは決めていません。「今日は一〇回唱えよう」とか、「今日は調子がいいから、多めにしよう」という感じです。

そして、ひたすら「ついてる、ついてる……」。

いうのと、数えるので精一杯だから、なにも考えられなくなるんですけれど……。

そしたら、ある日、突き抜けた！

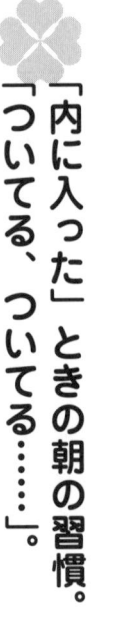

「～ねばならない」より「楽しい」が先ですよ。

天国言葉を唱えるのに「絶対こうしなきゃいけない」という決まりはとくにありません。

「ついてる、うれしい、楽しい、感謝してます、しあわせ、ありがとう、ゆるします」

と、一度に全部いってもかまいません。

「今日は『ありがとう』をいってみよう」とか、一つの天国言葉を日替わりで何度も口にするというのでも全然ＯＫです。

自分がやりやすい方法で、自分が「楽しいなぁ」と思える程度にやってみてください（注・仕事やご飯を食べるのを忘れるほど、のめりこむのは「楽しくない」ことですよ）。

「ありがとう」とか、「楽しい」「うれしい」
「しあわせ」といっている、「うつ」な人は、
ちょっと考えづらい。
「うつ」に天国言葉は似合いません。
似合わないということは……。
そう、「似合わないことは起こらない」の法則です。

地獄言葉を口にしたら「ついてる」一〇回

「ついてない」とか、グチ、泣き言、悪口、文句、心配事、それから「ゆるせない」。

こういう言葉を地獄言葉といいます。

地獄言葉は、自分や周りの人の心を重たく、暗くする言葉です。

地獄言葉をいうと、もう一度地獄言葉をいいたくなってしまうようなことが起きます。

空気もよどみ、具合が悪くなる人もいます。

もし、地獄言葉をいってしまったら「ついてる」を一〇回いいましょう。

そうすると、帳消しになりますからね。

狭いロッカーのなかにいる「本当の自分」が外へ出てくると、とたんにハッピーです。

心につくホコリやススのなかでも、台所のレンジ周りの油汚れのごとく、しつこいヤツがあります。

それは、いわば〝小さな光〟を閉じ込めている狭いロッカーのようなものです。

〝小さな光〟を閉じ込めている狭いロッカーとは、なにかというと、一人さんはそれを「ダメの壁」というのです。

周りが「あれやっちゃいけない、これもダメ」とかいいますよね。

それから、「こんなこともできなくて、ダメだね」とか。

そういうことをいわれ続けているうちに、やりもしないうちに「これはダメ、あれもダメ」と思い込み、自分で自分の手足をがんじがらめにしてしまうのです。

これが「ダメの壁」です。

本当はもっといろんなことができるのに、勝手に心のなかに「ダメの壁」を作っちゃった。

そのなかに〝小さな光〟が閉じ込められています。

狭いところに閉じ込められていると、苦しいよね。

〝小さな光〟を外に出してあげましょう。

お腹から声を出すと、狭いロッカーのドアがふぁ〜っと開きます。

「しつこい油汚れを分解して落とす」とかいう、台所用洗剤がありますよね。

そんな台所用洗剤のように「ダメの壁」を崩してキレイにする、いい方法があります。

それはなにかというと、お腹から声を出すんです。

大きく息を吸って、お腹から「わぁー」って声を出す。

すると、自然と大きな声が出ます。

大きな声が出ると、なぜか「ダメの壁」がとれてしまうのです。

しょっちゅう大きな声を出さなくてもいいんですけれど、たまに出すといいですよ。

「楽しくて、つい踊っちゃう」が大吉です。

「バカヤロー!」と大声をはりあげてストレスを発散させる人もいますが、それは地獄言葉です。

それに、ストレスを発散できたとしても、「ダメの壁」は崩れません。

「ダメの壁」を崩すには、天国言葉が最適です。

適当にリズムをつけると、さらにいいですよ。

「ついてるな、ハイ! うれしいな、ハイ!」とか、自分の好きなようにリズムをつけてね。

リズムに乗って声を出すと、からだも踊ります。

自然と笑顔も出ます。

そのとき、「ダメの壁」に穴があきます。

堅固なダムが決壊するとき、
最初に小さなヒビが入ります。
小さなヒビが入って、そこから崩れるのです。
だから、「ダメの壁」を壊すとき、
最初は小さな穴でいい。
奇跡はその穴からはじまります。

10 あなたは大切な存在です

あなたのために一番がんばってくれている人は誰？

あなたのことを大切に思ってくれている誰かが、陰でそっと見守ってくれているかもしれない。

天の神さまだって、あなたのしあわせを願っていると思う。

でも、あなたのために一番がんばってくれている人は、あなた自身です。

あなた以上にがんばってくれている人は、あなた以外にいません。

今でも、あなたが一番です！

「自分がやったこと」ばかり重視するけれど、「今ここにいる」ことが一番大事！

たぶん、ほとんどの人は、「自分がやったこと」をものさしにして、自分を評価すると思うんです。

自分がこういうことをしたら、こんな成果がありました。

「だから、自分は価値のある人間なんだ」って。

でも、もう一つ、「自分が今ここにいる」ということも評価対象にしたほうがいいと思うんです。

今、ここに、あなたがいることがすばらしい！

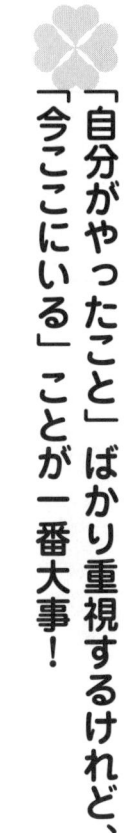

「いる」の英語「BE」も動詞。「いる」も「やってる」ことです。

「いる」ということだけで、誰かの役に立っていることがあります。

「いる」だけで、誰かの支えになっています。

たとえば、世間の親は、子どもが病気になって生死をさまよっているとき、たいがい「この子が、生きてさえいてくれれば、それでいい」といいます。

仲間も、自分の仲間がいなくなったら寂しがる。

「自分には親もいないし、仲間もいません」という人にだって、そういう人がいます。

それは、宇宙の中心にいる大いなる存在、あなたに〝光〟を授けた神さまです。

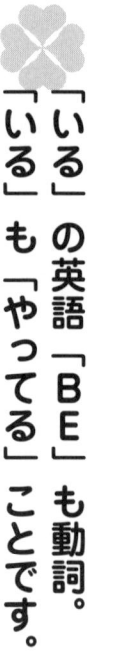

「神さま、神さま」といっているけれど、要は「自分を愛そうね」といいたいだけなのです。

他の人のことを嫌っていても、会わなければなんともないでしょう。

でも、自分のことが嫌いだったら、嫌いな自分とずっと一緒じゃない？

つらいよね、イチイチ自分のことが気にさわって。

でも、自分から逃げることは、どうしたって無理。

「天国に逃げよう」としたって、それはできない。そういう仕組みになっているそうです。

だから、自分を愛するしかない。

それが、人生の修行です。

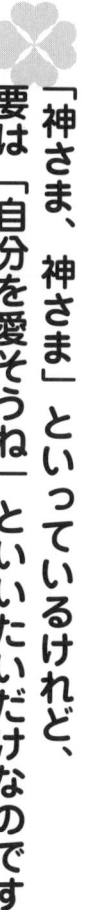

「自分を愛する」とは、まず自分への感謝です。

たまには、自分に向かって手を合わせ、「ありがとうございます」といいましょう。

鏡の前に立ち、鏡にうつった自分に向かって、「ありがとう」って。

そしたら、また「ありがとう」といいたくなるようなことが起きます。

運勢が見事にかわります。

「もっと、しあわせ」になりますよ。

もし、自分に「ありがとう」といえないのなら、自分の内なる神さまにいうつもりで「ありがとうございます」といってみてください。

あなたは、あなたのままでいいんです。

魚は鳥のように空を飛べません。

鳥は魚のように泳げません。

でも、魚は「なんで自分は飛べないんだろう」と思いません。

鳥は「魚みたく海を泳げるようにならなきゃ」と思いません。

魚も鳥も、自分のほうが劣ってるとは考えません。

魚は魚のまま、鳥は鳥のままでハッピーです。

自分と違う個性をもった他の誰かになろうとして、なれない自分を責めて苦しむのは人間だけです。

でも、天の神さまはそんなことを望んでいません。

天が望むのは「あなたのままで、しあわせ」です。

学生時代、落ちこぼれだった私は
「自分はダメ人間だ」と思い込んでいました。
そんな私に、一人さんがこういいました。
「みっちゃんは、みっちゃんのままでいいよ。
みっちゃんはウサギ。ウサギはトラのような牙は
ないけれど、長い耳と逃げ足の速さという長所を
もってる。敵がきたら、それを使っていち早く
逃げる。それがウサギの繁栄のしかたなんだ」

悪徳裁判官はウソつきです。

過去の失敗をいつまでも引きずっていませんか？

「なんで、自分はあんなことをしてしまったんだろう」と、自分を責めていませんか？

やさしい誰かがあなたに「気にしないほうがいいよ」「自分を責めなくていいよ」といってくれているのに、あなたはそれを止められない。

そうじゃない？

それは、どうしてなんでしょう。

あなたの心のなかに悪徳裁判官がいるからです。

ちゃんと罪をつぐなった人に、無実の罪をきせて罰を与えるような裁判官は悪い裁判官ですよね。

そういう悪徳裁判官が心のなかにいるのです。

※悪徳裁判官の詳細が知りたい方は一人さんが書いた『斎藤一人　地球が天国になる話』（ロングセラーズ刊）をお読みください。

悪徳裁判官とはサヨナラです。

あなたの心のなかにいる悪徳裁判官は、一見まことしやかな理屈を並べ立てては、あなたを責めます。

以前、自分が失敗したときを思い出させては、あなたに恐れを与えます。

でも、悪徳裁判官の声に耳を傾けてはいけません。悪徳裁判官のいうことは全部ウソですよ。

心のなかで自分を責める声が聞こえたとき、失敗したときのイメージが頭に浮かんだときは、キッパリこういいましょう。

「私は罪人じゃない！　あなたとは、なんの関係もない！」

そうすると、悪徳裁判官は逃げていきます。

悪徳裁判官が抜けたあとの穴に光り輝く言葉を抽入しましょう。

悪徳裁判官が逃げたあとの心には、穴ぼこがあいてしまいます。
そのままにしておくと、また悪徳裁判官がその穴ぼこに入ってきます。
天国言葉を口にして、その穴ぼこをうめてしまいましょう。
それから、悪徳裁判官が一番苦手なこの言葉、
「私は自分のことを尊敬しているし、尊重しています」
これも呪文のように唱えます。
そしたら、悪徳裁判官と縁が切れますよ。

昔むかし、太陽の神さまが天の岩戸《いわと》に隠れたとき、
世の中はまっ暗になりました。
でも、他の神々が岩戸の前で踊り、「楽しい、おもしろい」と笑っていると、
その〝音〟に誘われて外へ出てきて、太陽の神さまは
世の中に再び光がさしました。
この神さまたちが日本人の先祖だ、
という説があります。もし、そうだとしたら。
これが日本のＤＮＡ、あなたのＤＮＡ。

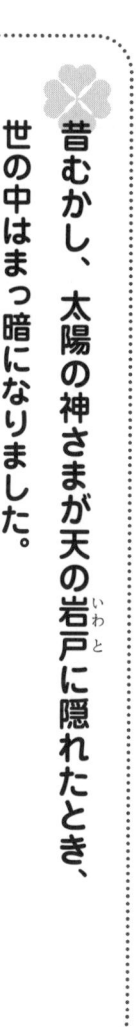

今、輝ける修行のとき。

人は長い人生のなかで、いろいろなことを経験して学び、精神的レベルをあげて「もっと、もっと、しあわせ」になります。

「精神的レベルをあげる」って、一見、哲学的なんですけれど、要は笑っていればそれでいいのです。

どんなときも、笑顔でいられるかどうか。

それを試すために、天の神さまはいろんな現象を出すそうです。

そんなことを一人さんから教わりました。


今まさに、天の神さまに試されているとき。

でも、私はあせりません。

だって、人は一〇万回生まれ変わるから。

あなたもチャレンジャー。そんなあなたを尊敬しています。

一〇万回生まれ変わるのだとしたら、今世、何度か笑えないことがあっても、それは大河の一滴にすぎません。

それに、また、やり直せばいいことですからね。

私は、笑顔の試験のやり直しをしに今世、生まれました。

これからも、何回もやり直しをするために生まれかわると思います。

あなたも、私と同じチャレンジャーです。

私は、そんなチャレンジャーなあなたを心から尊敬し、尊重しています。

自分自身のことも尊敬し、尊重しています。

斎藤一人 著

信じなくてもいいですよシリーズ①

健康を呼び込む奇跡の言葉

斎藤一人さん、ってどんな人

この小冊子を書いた斎藤一人さんは、ご存知の方も多いと思いますが、銀座まるかん（銀座日本漢方研究所）の創設者で、納税金額一二年間連続ベスト一〇という快挙をなされ、日本新記録を打ち立てた方です。

また、納税金額も発表を終えた平成一六年までで合計一七三億円を納め、これも日本新記録です。

その他に、心の楽しさと経済的豊かさを両立させるための著書を何冊も出版されている方です。

この小冊子は、健康をテーマに斎藤一人さんが録音した話を書き下ろしたものです。

どうぞ、ごゆっくりお楽しみください。

はじめに

私は事業家なので、こういう不思議な話は今まで避けてきましたが、私をここまで成功させてくれたみなさまに少しでもお役に立てればと思い、お話をさせていただきます。ちなみに、私はなんの宗教にも属しておりません。

いきなりですが、信じられないような話をします。

私はちっちゃいときから、真理についてなにかわからないことがあると、夢に白い光の玉が出てきて教えてくれるのです。

私は勝手に「光の玉」と呼んでいるんですけど、「神さま」という人もいるし、「天からのひらめき」という人もいます。私はその光の玉にいろんなことを教わりました。それで、教わったことをみなさんにもお伝えしたいなと思って、シリーズで小冊子を作ることにしました。

この小冊子が、その第一号です。

今回は「健康を呼び込む奇跡の言葉」という話をします。

では、さっそくはじめます。よろしくお願いします。

斎藤　一人

本来、健康が当然なんです

みなさんに「健康を呼び込む奇跡の言葉」というのを教えたいなと思っているんですけれど、その前に、話しておかなくてはならないことがあるんです。

本来、人間っていうのは、ふつうなら健康が当然なんです。

それなのに、なぜ人間は病気になるのか。なぜ病気を呼び込むのか。

そして、なぜ、こんなに病気が多いのか。

学者さんたちが毎日新製品を考え、製薬会社が新薬を出し、お医者さんがいろんな努力をしているにもかかわらず、なぜ、世の中にはこんなに病人が多いのか。

なおかつ、新しい病気がどんどんできてくる。人のからだ一つに対して、もう何千っていう病名があるぐらい、病気が多く、今までになかった病名が増えている。それは、おかしいんじゃないのか。

なぜ病気になるのか、まず、その根本原因をお話ししたいと思うんです。

根本原因がわかったとしても、現代医学が必要ないといっているのではありません。現代医学を取り入れながら、私が教えたこともやってみたらよいのではないかと思います。

食事のバランスも大事だけど、「病は気から」なんです

人間のからだというのは、大きく分けて、肉体と精神でできています。

精神を「魂」と呼ぶ人もいます。なんと呼ぼうがみなさんの自由なんですけど、要は、精神と肉体という、二つのものに分けられるんです。

それで、肉体のほうは栄養でできているんです。

つまり、人間は、日々、ものを食べて、血や細胞をつくっているんです。

ということは、病気は食事に問題があるんじゃないか。

肉ばっかり食べちゃうとか、ついついラーメンが多いとか、そういう食事のバランスがとれていない状態を、なん

にもしないでずぅーっと放っておけば、確かにからだには
よくないよね。

だから、食事のバランスをとらなきゃいけない。

ただ、青いものが足りないからといって、青いものを必要な分だけ一生懸命食べるというのは意外と難しいんです。しかも、全部無農薬でとろうとすると、もっと大変です。

だけど、今はサプリメントやなんかで足りないものを補うことができるんです。

ウチの会社でいうと、「青汁酢」というのがあって、そ

れを飲むことによって食事のバランスは十分にとれると私は思っているんです。

そして、バランスをとってくれれば、食事のことはたいして問題ではないと思っているんです。

問題は、精神のほうです。

精神とは、あなたが考えていること、思っていることです。

昔から「病は気から」といったんですけれど、今の病気のほとんどは、お医者さんもいっている通り、実は精神的なストレスが原因のことが多いんです。

トラに会っても「休止命令」が出れば問題はないんです

まず「病は気持ちからだよ」という話をします。

たとえ話なんですけど、昔むかし、人間が外を歩いていたら、前からトラが出てきた。トラが出てくるとビックリしますよね。

ビックリすると、からだの外側に起きる変化としては、手から汗が出る、足の裏からも汗が出ます。

なぜ汗が出るのかというと、トラと戦うか、逃げるか、しかないんです。それ以外に、トラに食われるか、っていう選択もあるんだけど（笑）、一応、人間は防御しなきゃいけないからね。

それで、逃げるとすると、足が乾燥していると大地を踏みしめられなくて、すべって転ぶから、足の裏から湿気が出るようになっています。

それから、棍棒をもって戦おうとか、槍をもって戦おうっていうときは、手がピタッと棍棒とか槍をおさえていないといけない。だから、手から汗が出る。

時代劇でも、戦の前になると、刀の柄を水でぬらしたり、ああいうことするのは手がスべって刀が落っこちないようにしてるのね。それを自然のうちにからだがやってくれる。

ホントに、人間のからだはすごくよくできているんです。

じゃあ、からだの中ではどうなっていますかっていうと、血液中にアドレナリンなどの、いろんなホルモンが出る。それから血をかためる作用がある物質も出ます。

なぜかというと、トラと戦うとき、スパっとトラに爪で切られることもあるよね。爪が刺さっちゃうこともある。

そうなったとき、すぐ血を止めなきゃいけないから、血をかためる物質がどんどん出るようになってる。

それから、頭に血が回らなくてフラフラしてたりすると戦えないから、アドレナリンが出て心臓がドクドク、ドクドクして、血圧を上げるようになってる。筋肉にも力が入って緊張します。

そうやって、戦闘体制を整えるようになっています。

それでトラが逃げてくれるか、自分が逃げて、「あぁ、よかった」ということになると、戦闘状態から「休め」の状態になります。

脳から休止命令が出て、グゥーっとかたまっていた筋肉がゆるむし、血圧も下がるし、正常に戻るようになってます。

ところが、実際にトラに会わなくても、精神的なストレス——心配や怒り、恐怖や不安など——があると、本人が気がつかなくてもジワジワと戦闘状態と同じ反応をからだがしてしまうんです。

ですから、今の人はなかなか「休止命令」が出ません。

今はトラに会うことはめったにないんだけどね……

今は、たとえば、小さいときから学校で競争させられたりしますよね。

それから、道路には車がブーブー走ってて、横断歩道なんかを渡るときは「車にひかれたら死んじゃうよな」とか思いながら歩かなきゃいけないんです。

昔は、そんなこと、なかったんですよ。昔の人は、たいがい、ちっちゃい村で生まれて、病気ひとつしないで死んでいったんです。ホントですよ。

医者にかかるときって、最期の臨終のときで、それぐらいしか医者にかからないほど、みんな健康だったの。

それで、その頃って、食事のバランスなんかも意外にとれてたんです。自然のものを食べてて、それしかなかったんですから。

今、みんなが心配している、農薬なんてものもなかった。

ニュースは村の話題しかなくて、村で人殺しが起きるのは数百年に一回で、ホントに平和だったの。

今は、テレビをつけると毎日のように「どこの誰さんが誘拐されました」とか、「殺されました」とかって、日本じゅうに悪いニュースばっかり流されているから、「いつか自分も殺されるんじゃないか」「娘が、さらわれるんじゃないか」とか不安になっちゃう。

自分が勝手に想像して、不安な状態になるの。

不安になると、ほぼ毎日、いつもトラに会っているのと同じ状態が続くんです。

現実に起きていなくてもなるんです。ホントに娘がさらわれていなくても、「もし、娘がさらわれたらどうしよう」って思っていると、さらわれたときと同じ状態にからだはなるんです。

それが証拠に今、目の前にどんぶり一杯のすっぱそうな梅干がここに出たとしたら、それを想像しただけで今ツバが出ましたよね。

ということは、想像すると、見たのと同じような現象が起きるんです。

からだの中で血をかためる物質とか、血圧を上げるホルモンとかをどんどん、つくります。からだの中に、たまってくるんです。

そんな状態が続くと、ある日、血がかたまっちゃうの。で、血管がふさがっちゃう。脳の血管がふさがっちゃうと、ひっくり返って倒れちゃったりする。

それから、血圧も上がっちゃう。血圧が上がったまま、ずっといると、ある日、血管が切れちゃう。脳の血管が切れると、脳溢血になるよね。

そういうのが腎臓で起こると「腎臓が悪い」だとか、肝臓で起これば「肝臓が悪い」だとかいうことになるんです。

だけど、そういう物質とか、ホルモンが出るのが一時的なもので、ちゃんとストップできれば、なんてことはないんです。

ストップしちゃえば、今たまっているものって、オシッコから出たり、汗から出たり、便から排出されたり、自然に分解してくれたり、たいした問題ではないんです。

いけないのはストップできないで、物質が出続けてしまって体内のバランスがくずれて、自分で自分の病気をつくってしまう。
これが今すごく、一番多いと私は思っているんです。

自然食、無農薬はいいんですけど、心配性じゃありませんか？

玄米菜食だったり、無農薬にこだわる人がいます。
天然のものしか食べない、無農薬のものしか食べない。

すごく、いいことなんです。

だけど、そういう人って、意外と「娘がぜんそくなんです」とか、「私、ここが悪いんです」とか、具合の悪い人が結構いるんです。

食べているものはすごくよくて、毒性がない。だとしたら、病気になってる最大の問題はなんですか、っていったとき、実は心配性なんです。

農薬をちょっとでも使っていたら「気になる」という人は、元々が心配性なんです。

だから、農薬以外にも、子どものことも心配だし、将来のことも心配だし、「ある日、交通事故にあうんじゃないか」って心配します。

そうすると、食べてるものはよくても、からだの中で余計な物質をどんどん、どんどんつくっちゃう。簡単にいうと、自家性の中毒みたくなっちゃって、病気が多いということになっちゃうんです。

だから、心配はやめたほうがいいよね。

ところが、周りの人が「あなた、そんなこと考えちゃダメよ。もっと、いいこと考えなさい」といっても、なかなか心配はやめられません。

自分も「心配するのをやめよう」と思っていても、心はどうにもならないんです。

「思い」をなんとかすることはできない。そして、からだは「思い」に従ってしまう……。

でも、「思い」というのは、実は言葉に従うんです。

そこで、私が光の玉、神さまから教わった奇跡を起こす言葉をみなさんに伝授します。一瞬のうちにして、その出過ぎた物質やなんかをつくるのを止めて、休止命令を出してくれる奇跡の言葉です。

ホントに、こんな簡単なことで効くのかと思うでしょうが、効くんです。

たとえば「開けゴマ」っていう言葉が鍵だとすると、たった一個の鍵がカチャンと合えば、その扉って開きますよね。鍵って、どんなにちっちゃい鍵でも、その鍵じゃなきゃ開かない。

なにをいいたいんですかって、似たような言葉をなんぼ並べてもね、ダメなんです。
では、今から光の玉から教わった奇跡を起こす言葉を教えます。

『今日はいい日だ』です。

はじめに奇跡の言葉ありき、です

声に出さなくてもいいです、出してもいいです。

「今日はいい日だ」と何回もいってみてください。

あなたのからだに奇跡が起きます。

キリストがいったように「はじめに言葉ありき」です。

どういうことかというと、自分が「いい日だ」と思ってなくてもいいから、先に「今日はいい日だ」というのです。

そうすると、この言葉に脳が従い、そして、からだが従います。

「いい日だ」っていうのは、娘はさらわれない日です。さらわれた日を「いい日だ」という人はいません。

交通事故に遭う日でもありません。もちろん、トラにも遭いません。

そういう嫌なことがない日が「いい日」です。

「今日はいい日だ、今日はいい日だ」というと、脳は「そうか、いい日なんだ」と判断してからだに休止命令を出します。

そうすると、ふぁ～っと筋肉がゆるみます。戦闘体制で、アドレナリンなどの物質を出そうとか、血圧上げなきゃとかいう状態ではなくなります。

だから、**心配なとき、なにかありそうな予感がするとき、**「あっ、今、自分は余計な物質をつくってるんじゃないか」と思ったら、「今日はいい日だ」、「今日はいい日だ」といってください。

これをやりながら、「青汁酢」でも飲んでください。これで食事のバランスは、私は充分だと思っています。それと同時に、「今日はいい日だ」って。

両方やることが大切なんです。

そうすると、健康を呼び込むだけじゃありません。

〝いいこと〟がもう一つあります。

昔から「日本は言霊の国」というんです。

言霊というのは、いった言葉が現実になる。

それを言霊の作用といって、「今日はいい日だ、今日はいい日だ」といっていると、健康を呼び込むだけじゃなくて、しあわせを呼び込んじゃうんです。

今日が本当に、いい日になっちゃうんです。

こんな簡単なことで本当によくなるのかと思うでしょうが、だまされたと思って一ヵ月続けてみてください。そして、病院で検査を受けてみてください。

その結果に、あなたはビックリすると思います。

どんな病気で苦しんでいる人も、一度は挑戦する価値があると思いますし、今健康な人はますます活力がみなぎってくると思いますよ。

人間のからだは「宇宙エネルギー」でできています

今まで話してきたことは「病は気持ちからなるんだよ」という話です。

これからする話は、別に信じなくてもいいですよ、の話です。

なんですかっていうと、もう一つの「気」、エネルギーの話をします。

エネルギーとは、天気の「気」、要は「宇宙エネルギー」

です。

人間のからだ、麦や米、魚、花、土、石、地球上にあるものすべて、この地球という星自体、宇宙エネルギーでできています。

つまり、元気とは「からだの元に宇宙エネルギーが満ちている」ということです。

すべてのものは、宇宙エネルギーがかたまってできたものだからね。金だって、銀だって、分解して分解していくと、最後にはエネルギーになっちゃうんだよ。ホントだよ。

だから、それぞれのエネルギーの状態によって固有の波動が出ているんです。

金は金の波動、銀は銀の波動、鉄には鉄の波動、地球上に存在するものは、すべて独自の波動をもっています。

普通、各々の波動は変えられません。ところが、人間だけは、波動を変えることができるんです。

波動を変えることができるから、人間のことを「万物の霊長」というんです。

なんで、こんな話をするのかというと、同じ人間でも、いつも悲しいこと考えてる人と、「今日はいい日だ」といってる人とでは波動が全然違うの。

わかりづらい？　じゃあね、よく「あの人はオーラがあるね」とかいいますよね。人間のからだから、オーラというエネルギーが出てるの。

いつも「悲しいな」とか、いってる人で、「あの人はオーラが大きいね」といわれてる人は、まずいない。

先々のことを考えて「もう、いいことないな」とか、「病気になるんじゃないか」とか、「医療費はどうなるんだ」

とか悩んでる人と、どんなときも「今日はいい日だ」といってる人とではオーラが違うんです。

それで、このオーラによって呼び込むものが違ってきます。なにをしても、しあわせになっちゃう人と、不幸ばっかりくる人がいるの。それはなんでですかって、出してるオーラの違い、波動の違いなんです。

だけど、人間は「万物の霊長」だから、言葉でオーラは変えられる。波動を変えられるんだよ、ということなんです。

おわりに

今回は健康のことを話しました。

食事のバランス、自分の心がまえ、言葉の大切さ。

そして宇宙のエネルギーを取り込むことによって、本当に健康って得られるんだ。しあわせにもなれるんだ。

という信じづらい話をしました。信じられた人だけ、やってみてください。

次回は「人間はなんのために生まれてきたのか」「生ま

れて、なにをするんだ」、という話をします。このことがわかると、人生ってどんどんよくなるんです。

それから、おいおい魂的な視点での、子育ての方法、人の接し方、そういうものも、これから小冊子にして出していきたいと思っています。

ひとまず、今回はこれで終わります。ありがとうございました。

斎藤　一人

おわりに

この本を最後まで読んでくださって、本当にありがとうございました。

これといったお礼ができないのですが、私が大好きな詩、一人さんがつくった「お母さんのうた」をプレゼントさせていただきます。

みっちゃん先生

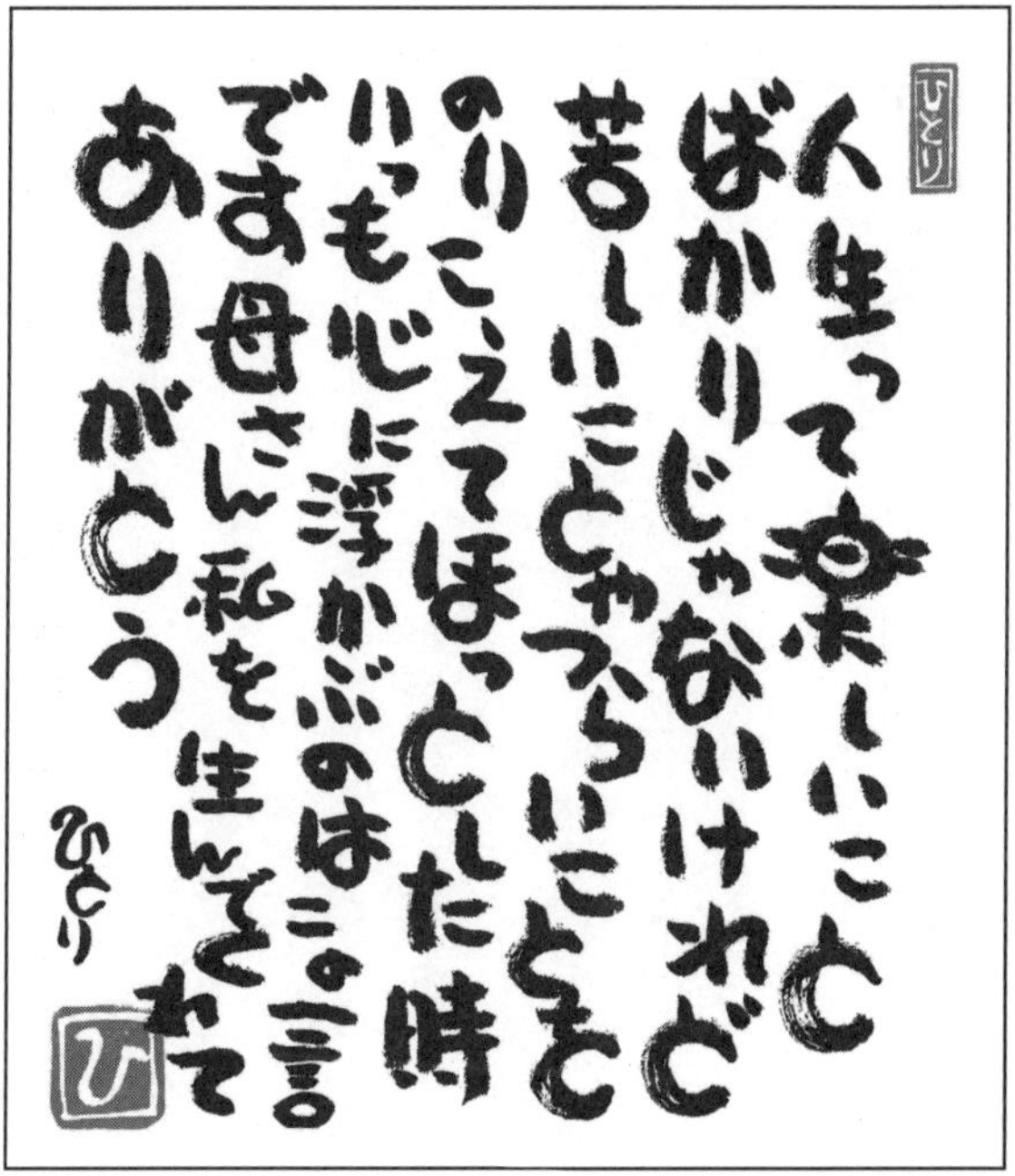
ひとり
人生って楽しいこと
ばかりじゃないけれど
苦しいことやつらいことを
のりこえてほっとした時
いつも心に浮かぶのはこの言
です母さん私を生んでくれて
ありがとう
ひとり
ひ

◎斎藤一人さんからひと言

こんなことをいっても、信じられない人が多いと思います。
でも、何人かにひとりわかってくれる人がいると思っています。

人は何度も生まれかわり、魂の向上を目指すものです。
そのために、いろいろな悩みにいきあたり、その問題を一つひとつ楽しく、乗り越えながら魂を向上させていくものです。

今、あなたが悩んでる問題が、あなたの魂を向上させる宝になってくれます。
どんな悩みも一つずつ宝石にかえて、素晴らしい人生をすごしてください。

斎藤　一人

ひとりさんとお弟子さんたちのブログについて

斎藤一人オフィシャルブログ

(一人さんご本人がやっているブログです)

https://ameblo.jp/saitou-hitori-official

お弟子さんたちのブログ

柴村恵美子さんのブログ
https://ameblo.jp/tuiteru-emiko/

舛岡はなゑさんのブログ
【ふとどきふらちな女神さま】
https://ameblo.jp/tsuki-4978/
銀座まるかん オフィスはなゑのブログ
https://ameblo.jp/hitori-myoudai-hana/

みっちゃん先生ブログ
https://ameblo.jp/genbu-m4900/

宮本真由美さんのブログ
https://ameblo.jp/mm4900/

千葉純一さんのブログ
https://ameblo.jp/chiba4900/

遠藤忠夫さんのブログ
https://ameblo.jp/ukon-azuki/

宇野信行さんのブログ
https://ameblo.jp/nobuyuki4499

高津りえさんのブログ
http://blog.rie-hikari.com/

おがちゃんのブログ
https://ameblo.jp/mukarayu-ogata/

楽しいお知らせ

無　　料　ひとりさんファンなら
一生に一度はやってみたい
「大笑参り《おおわらい》」
ハンコを9個集める楽しいお参りです。
９個集めるのに約7分でできます。

場　　所：ひとりさんファンクラブ
（JR新小岩駅南口アーケード街　徒歩３分）
電　　話：03-3654-4949
年中無休（朝10時～夜7時）

≪無料≫　金運祈願　恋愛祈願　就職祈願　合格祈願
健康祈願　商売繁盛

ひとりさんファンクラブ

住　所：〒124-0024　東京都葛飾区新小岩1-54-5
ルミエール商店街アーケード内
営　業：朝10時～夜7時まで。
年中無休　電話：03-3654-4949

各地のひとりさんスポット

ひとりさん観音：瑞宝山　総林寺
住　所：北海道河東郡上士幌町字上士幌東4線247番地
電　話：01564-2-2523

ついてる鳥居：最上三十三観音第二番　山寺千手院
住　所：山形県山形市大字山寺4753
電　話：023-695-2845

観音様までの楽しいマップ

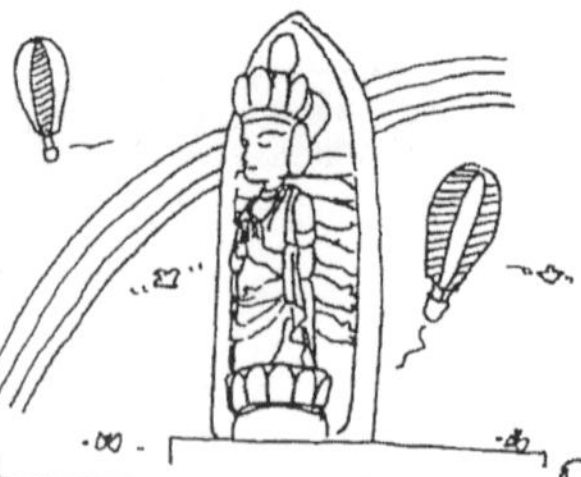

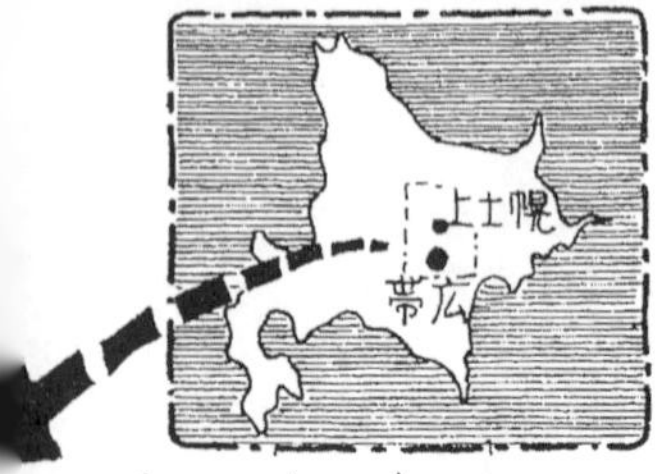

①愛国←→幸福駅

『愛の国から幸福へ』この切符を
手にすると幸せを手にするといわれ
スゴイ人気です。ここでとれるじゃがいも
野菜・etcは幸せを呼ぶ食物かも!!
特にとうもろこしのとれる季節には、
もぎたてをその場で茹でて売っている
こともあり、あまりのおいしさに
幸せを感じちゃいます。

②十勝ワイン（池田駅）

ひとりさんは、ワイン通といわれています
そのひとりさんが大好きな十勝ワイン
を売っている十勝ワイン城があります
★十勝はあずきが有名で『赤い宝石』
と呼ばれています。

★観音様

ひとりさんの寄付により、夜になると
ライトアップして、観音様がオレンジ色
に浮かびあがり、幻想的です。
この観音様は、一人さんの弟子の1人
である柴村恵美子さんが建立しました。

③上士幌

上士幌町は柴村恵美子が生まれた町。
そしてバルーンの町で有名です。8月
上旬になると、全国からバルーンミスト
が大集合。様々な競技に腕を競い
合います。体験試乗もできます。
ひとりさんが、安全に楽しく気球
に乗れるようにと願いを込めて
観音様の手に気球をのせています。

④ナイタイ高原

ナイタイ高原は、日本一広く大きい牧場
です。牛や馬、そして羊もたくさんいちゃうのヨ
そこから見渡す景色は雄大で感動!!
の一言です。ひとりさんも好きなこの場所
は行ってみる価値あり。
牧場の一番てっぺんにはロッジがあり
ます（レストラン有）。そこで、ジンギスカン
焼肉・バーベキューをしながらビールを
飲むとオイシイヨ!!とってもハッピーになれ
ちゃいます。それにソフトクリームがメチャ
オイシイ。2ケはいけちゃいますヨ。

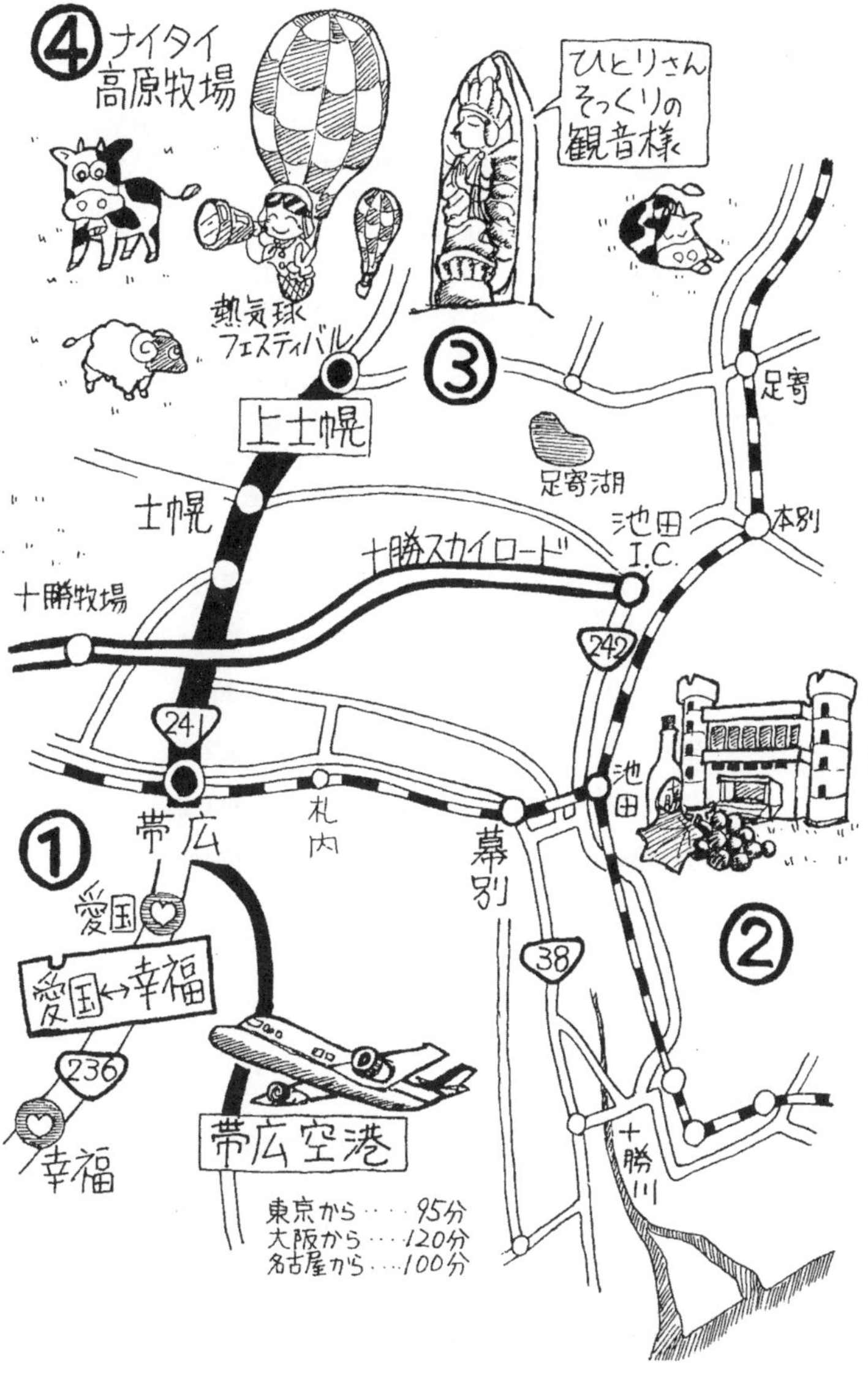

④ナイタイ高原牧場
熱気球フェスティバル
ひとりさんそっくりの観音様
③
上士幌
足寄
足寄湖
士幌
十勝スカイロード
池田I.C.
本別
十勝牧場
242
241
池田
帯広
札内
幕別
①
愛国
愛国↔幸福
②
38
236
幸福
帯広空港
十勝川
東京から……95分
大阪から……120分
名古屋から……100分

斎藤一人さんのプロフィール

東京都生まれ。実業家・著述家。ダイエット食品「スリムドカン」などのヒット商品で知られる化粧品・健康食品会社「銀座まるかん」の創設者。1993年以来、全国高額納税者番付12年間連続6位以内にランクインし、2003年には日本一になる。土地売買や株式公開などによる高額納税者が多い中、事業所得だけで多額の納税をしている人物として注目を集めた。高額納税者の発表が取りやめになった今でも、着実に業績を上げている。また、著述家としても「心の楽しさと経済的豊かさを両立させる」ための本を多数出版している。『変な人の書いた世の中のしくみ』『眼力』（ともにサンマーク出版）、『強運』『人生に成功したい人が読む本』（ともにPHP研究所）、『幸せの道』（ロングセラーズ）など著書は多数。

1993年分——第4位	1999年分——第5位
1994年分——第5位	2000年分——第5位
1995年分——第3位	2001年分——第6位
1996年分——第3位	2002年分——第2位
1997年分——第1位	2003年分——第1位
1998年分——第3位	2004年分——第4位

〈編集部注〉

読者の皆さまから、「一人さんの手がけた商品を取り扱いたいが、どこに資料請求していいかわかりません」という問合せが多数寄せられていますので、以下の資料請求先をお知らせしておきます。

フリーダイヤル 0120-497-285

本書は平成二三年一〇月に弊社で出版した
書籍を改訂したものです。

斎藤一人
悩みから宝が生まれる

著　者　みっちゃん先生
発行者　真船美保子
発行所　KK ロングセラーズ
東京都新宿区高田馬場 2-1-2　〒 169-0075
電話（03）3204-5161(代)　振替 00120-7-145737
http://www.kklong.co.jp
印　刷　大日本印刷(株)
製　本　(株)難波製本

落丁・乱丁はお取り替えいたします。
※ 定価と発行日はカバーに表示してあります。
ISBN978-4-8454-5088-6　C0230　Printed In Japan 2019